HYPNOTISCHE
SPRACHMUSTER

EIN BAND DER REIHE: HYPNOSE LERNEN!

INKE JOCHIMS

2. Auflage 2025 (unveränderte Auflage, neuer Satz)

© 2025 by Inke Jochims

Autorin: Inke Jochims, www.inke-jochims.de, jochims–buecher.de

Satz: Inke Jochims mit Atticus,

Verlag: BoD · Books on Demand GmbH,

In de Tarpen 42, 22848 Norderstedt, bod@bod.de

Druck: Libri Plueros GmbH, Friedensalle 273, 22763 Hamburg

ISBN: 978-3-7386-2717-6

BILDN HWEIS

Alle Fotos sind von der Webseite www.pixabay.com. Die jeweiligen Autoren haben Sie kostenfrei zur kommerziellen Nutzung freigegeben. Wir bedanken uns herzlich! Die Folien wurden ohne Ausnahme von Inke Jochims erstellt.

DISCLAIMER

In diesem Buch werden psychologische Ratschläge gegeben. Alle Ideen, Konzepte und Verfahren wurden sorgfältig geprüft. Dennoch weisen wir ausdrücklich darauf hin, dass dieses Buch keine medizinische oder psychologische Therapie ersetzt und dies auch nicht beabsichtigt. Die Umsetzung der Ideen aus diesem Buch erfolgt auf eigene Verantwortung.

INHALTSVERZEICHNIS

Wer die Macht der Wörter nicht kennt, kann auch die Menschen nicht kennen.

Konfuzius

BEGINN

B eginne dieses Buch mit einer Frage. Dein Gehirn stellt und beantwortet den ganzen Tag Fragen. Dein Unterbewusstsein muss Antworten auf alle Fragen finden, die Du Dir stellst.

Frage Dich also zuerst: Wie kann ich die Informationen in diesem Buch für mich nutzen?

- *Wo genau?*

- *Wie genau?*

- *Was sind meine Ziele?*

- *Was will ich mit diesen Sprachmustern erreichen?*

Die Lernforschung hat gezeigt: Wenn Du beim Lernen darüber nachdenkst, wie Du das Gelernte anwenden kannst, lernst Du viel leichter und auch viel umfassender.

Dein Gehirn bildet viel nachhaltigere Erinnerungen. Das heißt, Du behältst das Gelernte viel leichter im Gedächtnis, als wenn Du es nur als nette Information siehst, die Du vielleicht eines Tages anwenden kannst oder auch nicht.

Fangen wir also mit der ersten Frage an:

Wie kann ich diese Informationen nutzen?

• • • ● • ● • • •

Einiges von dem, was Du hier lernen wirst ist vielleicht eine Wiederholung und Dir schon aus anderen Zusammenhängen bekannt.

Aber wie immer, wenn wir etwas lernen, können wir auch etwas Neues lernen, also kannst Du Dir die zweite Frage stellen:

Wie kann ich etwas Neues lernen?

• • • ● • ● • • •

Es ist, als ob Du einen Text ein zweites Mal liest oder einen Film siehst, den Du schon einmal gesehen hast. Du entdeckst immer wieder etwas Neues, obwohl Du denkst, dass Du alles schon kennst. Du merkst plötzlich, dass Du etwas Neues siehst oder hörst. Wenn Du Dir die beiden schon genannten Fragen stellst, macht es viel mehr Spaß, ein solches Buch zu lesen.

Jetzt kommt die letzte Frage, bevor wir anfangen. Diese Frage klingt vielleicht komisch, aber unser Gehirn lernt besonders gut, wenn das Gelernte nicht nur uns, sondern auch anderen nützt. Das heißt nicht, dass Du nur Dinge lernen sollst, die für andere nützlich sind. Am besten ist es, wenn Du Dinge lernst, die sowohl Dir als auch anderen nützen.

· · · ● · ● · · ·

Stelle Dir also entweder die konkrete Frage:

Wie profitieren andere davon, dass ich für mich Nützliches lerne?

Oder stelle Dir die etwas abstraktere Frage:

Wie macht mich das, was ich hier lerne, zu einem besseren Menschen?

· · · ● · ● · · ·

Und das wirst Du in diesem Buch lernen.

Du wirst lernen, wie Du Wörter und Begriffe verwendest, die Menschen dazu bringen, eine Aussage wirklich zu glauben, Dein Produkt wirklich zu kaufen, Du wirst Begriffe und Formulierungen lernen, die Deinem Kunden helfen, kritische Faktoren in seinem Kopf wirklich zu umgehen.

Denn durch die Verwendung dieser Wörter und Begriffe sowie der grammatikalischen Strukturen, die Du ebenfalls lernst, werden bestimmte neurologische Prozesse aktiviert, die es einer Person wesentlich leichter machen, die von Dir vermittelten Informationen aufzunehmen.

Du lernst also etwas, das Dich zu einem besseren Therapeuten, zu einem besseren Verkäufer, zu einem besseren Elternteil und zu einem besseren Partner macht. Das ist es, was Dir dieses Buch bietet, und das ist auch der Grund, warum Du lernen solltest, was ich Dir anbiete. Und natürlich gilt wie so oft: Übung macht den Meister. Das gilt auch für den Umgang mit hypnotischen Sprachmustern.

Du musst also wiederholen. Wenn Du etwas wirklich lernen willst, musst Du es üben.

• • • ● • ● • ● • •

WORTE ALS TÜRÖFFNER

Die ersten vier Worte, die ich vorschlagen möchte, sind magische Worte. Sie öffnen den Geist und machen den Zuhörer empfänglich für Deine Informationen. Mit Geist meine ich hier alle unbewussten Vorgänge im Gehirn.

Diese Worte haben die Fähigkeit, Dein Unterbewusstsein direkt anzusprechen und Teile Deines kritischen Verstandes zu umgehen. Deshalb können sie Dir helfen, anderen Menschen Ideen einzupflanzen (und Dir selbst, wenn Du willst, in Form von Selbsthypnose). Auf diese Weise können sie Dir helfen, die Ergebnisse zu erzielen, die Du Dir wünschst.

Warum kommunizieren wir? Wir kommunizieren, weil jeder immer versucht, mit jeder Transaktion, ob erfolgreich oder nicht, ein bestimmtes Ergebnis für sich selbst oder für andere zu erzielen.

Kommunikation bedeutet immer, und hier passt das Wort immer, dass man ein bestimmtes Ergebnis haben will.

Die ersten drei Wörter, die Du ganz natürlich und leicht in deinen Dialog einbauen kannst, sind die Wörter "natürlich", "leicht" oder "einfach" oder "mühelos". Denn Sätze, die diese Wörter enthalten, öffnen, wie gesagt, sehr leicht den Geist.

• • • ● • ● • • •

Natürlich

Menschen mögen Dinge, die natürlich sind. Der Begriff "natürlich" im Zusammenhang mit Lebensmitteln vermittelt beispielsweise den Eindruck, dass wir vor diesen Lebensmitteln keine Angst haben müssen.

• • • ● • ● • • •

Leicht, einfach und mühelos

Unser Geist liebt das Einfache und er liebt das Leichte. Wir wollen ein leichtes, aber cremiges Eis. Wir wollen leicht lernen. Wir wollen leicht von A nach B kommen, deshalb wurde das Navigationsgerät erfunden. Wir wollen Bücher, die leicht zu lesen sind.

Wir wollen Techniken, die einfach funktionieren. Praktisch alle Selbsthilfebücher versprechen im Titel, dass man mit diesem Buch etwas leicht, schnell und einfach lernen kann.

Evolutionär gesehen kommen wir aus einer Welt, in der Energie sehr, sehr knapp war, und alle Lebewesen haben sich so entwickelt, dass das Leichte, das Mühelose, das Einfache oder auch das Sichere und Natürliche für sie interessant war, weil es dem Überleben diente.

Wenn Du also etwas verkaufen willst, dann verkaufe eine Lösung, die ein bestimmtes Problem leicht, einfach und mühelos löst. Wenn Du willst, dass Dein Kunde, Deine Kundin etwas lernt, dann sage ihm, dass sein Leben von nun an leichter, einfacher und müheloser sein wird. Es ist ganz natürlich, dass er dann leicht und mühelos lernt, was Du ihm beibringen willst. Und das ist der Grund, warum es sich so sehr lohnt, diese Sprachmuster zu lernen.

· · · ● · ● · · ·

Türöffner des Geistes:.

natürlich

leicht, einfach

mühelos

Abbildung 1: Wörter als Türöffner

• • • ● • ● • • •

AUFMERKSAMKEIT

Die nächsten drei Wörter, die Du so oft wie möglich in Deine Gespräche mit deinen Klienten, Ehepartnern, Kindern oder Kunden einbauen solltest, sind "wahrnehmen" und "beachten" bzw. "bemerken".

Ein anderer Begriff ist "Fokus". Der Gesprächspartner wird aufgefordert, sich auf etwas zu konzentrieren. Der Fokus des Gesprächs liegt auf...

Alle diese Begriffe sind deshalb so wichtig, weil sie im Gehirn einen Suchprozess auslösen. Das Gehirn sucht nämlich, ob es sich bei dem, was man bewusst wahrnehmen soll, um eine Person, eine Sache, einen Ort oder einen Vorgang handelt.

• • • ● • ● • • •

Jedes Mal, wenn Du diese drei Wörter verwendest, veranlasst das Bewusstwerden, das Bemerken und das Erkennen Dein Gehirn, nach einem Ort, einem Prozess, einer Person oder einer Sache zu suchen, auf die sich die ersten drei Wörter beziehen.

Ein Beispiel: Wenn Du Dir bewusst wirst, wie schnell Du diese wenigen Wörter lernen kannst und wie effektiv sie sind, wirst Du feststellen, dass es sehr einfach ist, dieses Material zu lesen, es ist mühelos leicht zu lernen.

Wenn Du Dir also bewusst machst, wie mächtig es ist, sprachliche Tricks oder Wörter zu lernen und regelmäßig anzuwenden, Wörter, die das Denken verändern, dann wirst Du schnell merken, wie einfach es ist, diese Technik zu beherrschen.

Gesprochen klingt es noch überzeugender als geschrieben. Wenn etwas geschrieben wird, merkt das Auge irgendwann, dass sich bestimmte Worte wiederholen, aber vor allem, wenn man diese drei Worte in Trance benutzt, sind sie unglaublich wirkungsvoll.

Ein Beispiel: Du merkst jetzt schon, wie schnell sich Deine Augen schließen und vielleicht kannst Du mühelos in eine sehr tiefe Trance gleiten. Und vielleicht bemerkst Du, dass sich zuerst der rechte Arm entspannt und dann der linke und wie leicht sich Deine Augen schließen und wie mühelos Du meiner Stimme folgen kannst.

Die Frage ist also: Worauf willst Du die Aufmerksamkeit einer Person lenken? Wenn Du Dir bewusst wirst, dass Du abnehmen musst, wirst

Du natürlich schnell erkennen, dass Hypnose der beste Weg ist, das zu erreichen. Und so fangen die Leute an, ihr Gehirn zu aktivieren, richtig?

Fokussierung der Aufmerksamkeit

bewusst wahrnehmen, sich etwas bewusst machen, bemerken, erkennen, fokussieren

Abbildung 2: Fokussierung der Aufmerksamkeit.

• • • ● • ● • • •

Wenn man sich erfahrene Redner oder Kommentatoren anschaut und ihre Reden analysiert, stellt man fest, wie oft diese sechs Begriffe regelmäßig verwendet werden. Das funktioniert, etwas geschickter eingesetzt, natürlich auch im geschriebenen Wort und nicht nur im gesprochenen.

Das sind also einige Worte, die den Bypass-Prozess einleiten. Sie umgehen den Widerstand des kritischen Geistes.

Das sind die Worte, die den Geist Deines Gesprächspartners öffnen und ihm helfen, seine kritischen Prozesse für einen Moment beiseite zu legen. Wie immer, wende das, was Du lernst, so ethisch wie möglich an, es geht nicht darum, etwas zu lernen, das Dich in Konflikt mit der Welt bringt.

• • • • ● • ● • • •

VISUELL, AUDITIV, KINÄSTHETISCH

E ine sehr wichtige Unterscheidung, die es schon lange gibt, ist aus dem NLP, dem Neurolinguistischen Programmieren, in die Hypnose gekommen.

Es ist die Unterscheidung zwischen visuellen, auditiven und kinästhetischen Begriffen.

Die Grundidee ist, dass manche Menschen Informationen besser verarbeiten, wenn sie auditiv, d.h. als etwas, das man hören kann, präsentiert werden. Andere sehen lieber und nutzen ihren visuellen Kanal und wieder andere fühlen lieber und nutzen kinästhetische Informationen. Es hat sich gezeigt, dass man Menschen, die das visuelle System bevorzugen, leichter erreicht, wenn man visuell mit ihnen spricht. Dasselbe gilt für das auditive und das kinästhetische System.

Wenn ich weiß, dass jemand visuell veranlagt ist, wird sein Gehirn Begriffe wie "schauen", "sehen", "klar", "hell" verwenden. Diese Person wird auch in entsprechenden visuellen Begriffen sprechen, und daran kann man erkennen, welchen Kanal sie bevorzugt.

Visuelle Wörter

Blick, sehen, schauen, klar, farbig, hell, glitzern, glimmen, leuchten, erleuchtet, dunkel, düster, grau usw.

Abbildung 3: Wörter, die auf den Gebrauch des visuellen Systems hinweisen.

• • • ● • ● • • •

Man muss also darauf achten, diese Begriffe in das Gespräch einzustreuen.

- *Du wirst sehen, wie einfach es ist, einen schönen Garten vor Deinem geistigen Auge entstehen zu lassen.*

- *Du hörst die Vögel zwitschern und den Bach plätschern.*

- *Vielleicht läufst Du barfuß über einen schönen Rasen, der sich weich und samtig anfühlt.*

Man muss darauf achten, die richtigen Begriffe zu verwenden. Denn wir neigen dazu, nur die Wörter zu benutzen, die zu unserem Kanal passen.

Wenn man visuell ist, benutzt man visuelle Wörter. Wenn Du auditiv bist, benutzt Du auditive Wörter. Wenn Du kinästhetisch bist, sprichst Du gerne über Gefühle und darüber, was man fühlen kann.

• • • ● • ● • • •

Auditive Wörter

Hören, zuhören, klingen, es glingt gut,

hört sich gut an, läuten, dissonant,

rauschen, verrauscht, Lärm, Geräusch

uvm.

Abbildung 4: Wörter, die das auditive System voraussetzen.

• • • • ● • ● • • •

Und wenn Du es nicht genau weißt, führst Du am besten ein Gespräch, zum Beispiel mit einem Kunden, und benutzt wahllos einige auditive, kinästhetische oder visuelle Wörter. Ob Dein Gegenüber Dich versteht oder auf Dich reagiert, ist ohne die Kenntnis dieser Zusammenhänge Glückssache.

Aber wenn Du Dir bewusst bist, dass Du zuhören musst, was der andere sagt, wirst Du Dich leicht anpassen und mit den Ergebnissen zufrieden sein, die Du erzielen kannst, wenn Du diese Techniken beherrschst.

Du kannst das Visuelle und das Auditive zusammen verwenden. Auf diese Weise kannst Du Deinen Dialog leicht und mühelos verändern und wirklich mehr daraus machen. Du benutzt also sowohl die Bypass-Wörter als auch die visuellen, auditiven oder kinästhetischen Wörter.

Ich weiß nicht, woher die Zahlen kommen, aber die meisten Menschen sind visuell, weil wir viel im Kino, im Fernsehen und im Internet sind, also trainieren wir hauptsächlich den visuellen Kanal.

Wahrscheinlich sind mehr als 50% der Menschen hauptsächlich visuell orientiert. Ein kleinerer Teil nutzt den auditiven Kanal und ein noch kleinerer Teil nutzt emotionale Worte.

Kinästhetische Wörter

Greifen, berühren, fühlen, riechen, tasten, halten, anfassen, verstehen und vieles mehr.

Abbildung 5: Kinästhetische Begriffe.

• • • ● • ● • • •

HANDLUNGEN AUSLÖSEN

M it diesen eingestreuten Worten erreicht man eine Aktivierung, der Geist öffnet sich, der Zuhörer wird motiviert, etwas zu tun oder zu kaufen. Es sind Worte, mit denen man eine gewünschte Handlung auslösen kann, wenn man es im Gespräch schafft, dass der Zuhörer, die Zuhörerin unkritisch emotional reagiert.

• • • ● • ● • • •

Frei/kostenlos

Das Wort "frei" ist ein sehr starkes Wort. Vor allem, wenn es im Sinne von "kostenlos" verwendet wird.

Wie bereits erwähnt, sind wir sehr darauf bedacht, Energie zu sparen. Es gibt drei, nicht zwei, biologische Imperative, alle angeboren und unbewusst, die unser Handeln bestimmen.

Sie lauten: "Vermeide Schmerz", "Suche Lust" und "Spare Energie". Um Energie zu sparen, wollen wir etwas "frei" haben. 10 Einheiten frei im Monat. Freibier. Freier Eintritt. Kostenloses Ausprobieren.

"Frei" im Sinne von "umsonst" ist ein Wort, das fast sofort zu einer Dopaminausschüttung führt. Es bedeutet, dass wir hoch motiviert sind, das zu tun, was uns als "frei" angeboten wird. Es bedeutet aber auch, dass die Aktivität des Neokortex und damit das kritische Denken heruntergefahren werden. Wir denken kaum noch darüber nach, ob wir das, was frei ist, auch wollen oder gar brauchen. Wir rasen darauf zu.

Wir geben 1 Euro für Benzin aus, um ein Freibier zu bekommen.

Unser evolutionär älteres Gehirn ist extrem darauf ausgerichtet, das "Freie" zu bekommen. Wir kaufen ein völlig überteuertes Monatsabonnement, weil wir ein Buch gratis dazu bekommen.

Wenn Du das Wort "gratis" oder "frei" hörst, sei vorsichtig. Es ist eines der mächtigsten Worte, die Deinen Geist aktivieren können.

INKE JOCHIMS

Die folgenden Fragen können Dir helfen, Dich von der Wirkung dieses Wortes zu distanzieren: Ist das Angebot wirklich frei? Brauche ich das Angebot wirklich? Wo ist der Haken?

Neulich hat mir jemand ein Buch umsonst angeboten. Auch mein Gehirn reagiert auf "umsonst" und "gratis". Ich ging auf die Website. Es stellte sich heraus, dass das Buch umsonst sein sollte. Allerdings musste man für Porto und Verpackung bezahlen, und das war nicht wenig. Das ist weder gratis noch umsonst.

Sobald man "frei" oder "gratis" hört, sollte man sich an das amerikanische Börsensprichwort erinnern: "There is no such thing as a free lunch". (Es gibt kein kostenloses Mittagessen auf der Welt.)

• • • ● • ● • • •

Bewiesen

Ein anderes sehr starkes Wort ist "bewährt". Es vermittelt Sicherheit. "Sicherheit wiederum bedeutet, dass die Phase des Nachdenkens beendet ist und die Phase des Handelns beginnt.

Es ist erwiesen, dass der Mensch Magarine braucht, um gesund zu sein. Wirklich? Keineswegs, aber das wurde eine Zeit lang behauptet. Die meisten Menschen glauben jeden Unsinn, wenn nur "erwiesen" davor steht, weil es ihnen ein gutes Gefühl gibt. Sie assoziieren damit entweder Wissenschaft oder Gerechtigkeit, auf jeden Fall Wahrheit.

Wenn Du "es ist bewiesen" hörst, überprüfe es. Wenn Du jemanden überzeugen willst, benutze das Wort. Es ist bewiesen, dass es möglich ist, sich vorzustellen und dann zu erkennen, dass es einfach und mühelos ist, freie Information zu lernen. Ein unwiderstehlicher Satz.

Mit den folgenden Fragen kannst Du Dich von der Wirkung dieses Satzes distanzieren:

Wo ist der Beweis? Auf welche Studien oder Daten stützt er sich? Auf welche Daten stützt er sich?

In Deiner Anwendung geht es natürlich darum, wie Du die Daten verdrehst. Und das ist das Geniale daran.

• • • ● • ● • ● • •

Geheimnis

Eine der genialsten Werbeaktionen aller Zeiten war der Film "The Secret". Eine Gruppe von Frauen und Männern, die schon früh damit begonnen hatten, große E-Mail-Listen aufzubauen, schaffte es, einen Welterfolg zu lancieren. Mit einem Geheimnis. Fast alle interviewten Teilnehmer:innen waren hinterher im Trainingsgeschäft. Und das sehr, sehr lange.

Wir wollen alle ein Geheimnis. Ich glaube, das erinnert uns an unsere Kindheit: Kann ich Dir ein Geheimnis verraten? Ja, genau. Jeder will ein Geheimnis.

Aus evolutionärer Sicht war die Information über eine geheime Nahrungsquelle, die der Rest des Stammes nicht kannte, enorm wichtig. Wer ein solches Geheimnis mit seinem Gegenüber teilte, gab einen immensen Vorteil weiter und schuf eine sehr enge Bindung. Nichts verbindet mehr als ein Geheimnis.

Wir wollen ein geheimes Verfahren, eine geheime Sache, ein geheimes Rezept. Vor allem aber eine geheime Information.

Im Moment gibt es eine Firma auf dem Markt, die Leuten hilft, Bücher zu schreiben und zu verkaufen. Sie haben einen absolut geheimen Plan, den sie kostenlos nur für Dich in einem völlig kostenlosen Webinar einfach so weitergeben. Wahre Engel. Denn mit ihrem geheimen Plan und ihrem kostenlosen geheimen .... haben sie natürlich nur Bestseller auf den Markt gebracht. Mit ihrer geheimen Strategie. In 4 Jahren haben sie 250.000 Bücher von 300 Leuten verkauft. Bitte zücke Dein geheimes Smartphone und rechne nach, was diese Firma wirklich verkauft hat.

Aber wer zückt das geheime Smartphone, wenn er von einer geheimen Information hört, die kostenlos weitergegeben wird? Niemand.

Geheime Informationen, zum Beispiel über Nahrungsquellen oder geplante politische Operationen, waren, wie gesagt, in der Evolution so wertvoll, dass sich unser Geist sofort öffnet und das Wort unser Interesse weckt. Sobald wir das Wort "geheim" hören, öffnet sich unser Geist. Es aktiviert einfach die entsprechenden neuronalen Verbindungen.

Und natürlich wollen wir alle die kostenlosen, erprobten Geheimnisse, die uns zeigen, wie einfach es ist, Menschen zu helfen, sich zu verändern.

$$\bullet \; \cdot \; \bullet \; \cdot \; \bullet \; \cdot \; \bullet \; \cdot \; \bullet \; \cdot \; \bullet$$

Stell Dir vor...

Haben diese Worte eine Wirkung auf dich? Das Wort "vorstellen" oder "sich vorstellen" öffnet natürlich Deine neurologischen Prozesse, denn wir alle stellen uns gerne etwas vor.

Viele Märchen und viele Vorschläge beginnen mit "Stell Dir vor".

"Stell Dir vor" aktiviert den Teil unseres Gehirns, der für Phantasien und alternative Realitäten zuständig ist. Der aus Erinnerungen innere Bilder einer glorreichen Zukunft machen kann.

Dieser Teil des Gehirns steht in engem Kontakt mit den emotionalen Zentren des Gehirns.

Stell Dir vor, wie toll es wäre, mit diesem neuen Auto ins Büro zu fahren, und alle Kollegen wären neidisch.

Stell Dir vor, wie wunderbar es wäre, wenn Du lernst, Deine Mitmenschen nicht mehr anzuschreien, und sie anfangen, Dich zu mögen.

Und wenn Du Dir die Ergebnisse vorstellst, die Du mit dieser bewährten und geheimen Methode erreichst, wirst Du schnell merken, dass Du mir Deine E-Mail-Adresse geben musst, um diesen Bericht zu erhalten. Genau das habe ich in einer E--Mail gesehen und ihnen meine E--Mail-Adresse gegeben. Ich wollte den Bericht sehen.

"Imagination" ist ein Wort, das seinen Weg in die Hypnotherapie gefunden hat. Es aktiviert unsere Vorstellungskraft - im Guten wie im Bösen.

Du kannst Dir leicht vorstellen, wie wunderbar es ist, mit dieser bewährten Methode einfach und mühelos die Gewichtsabnahme zu erreichen, die Du Dir schon so lange wünschst.

Bedenke also die Folgen, wenn Du Dich in ein inneres Bild oder eine allzu süße Vorstellung verliebst. Andererseits werden Menschen ohne die Vorstellung einer besseren Zukunft nicht versuchen, ihr Verhalten zu ändern... Das ist ein sehr scharfes und zweischneidiges Schwert.

Sofort

Teile unseres Gehirns sind in der Lage, eine kurzfristige Belohnung zugunsten einer langfristigen Belohnung zurückzustellen. Sie machen ihre Steuererklärung und gehen nicht ins Kino, um das gute Gefühl zu haben, etwas getan zu haben.

Aber evolutionär ältere Anteile in uns, die sehr oft handlungsbestimmend sind, wollen das Eis sofort, ohne auf die Diät zu achten, sie wollen ins Kino und gehen auch hin, sie wollen jetzt etwas haben und nicht monatelang sparen. Diese älteren Anteile werden durch das Wort "sofort" aktiviert.

Kinder wollen sofort ein Eis. Wir wollen Befriedigung, schnell. Sofort. Wenn Du das hier kaufst, bekommst Du es sofort. Wenn Du bei mir einen Kurs buchst, bekommst Du sofort eine Wirkung.

Sofort" ist auch kritisch zu hinterfragen. Welchen Nutzen habe ich kurzfristig und auf welchen muss ich langfristig verzichten?

• • • • • • • • • •

Zugehörigkeit und Elite

Zugehörigkeit ist eines der wichtigsten Dinge, die Menschen brauchen, um sich wohl zu fühlen. Im Gegensatz zu dem, was lange Zeit behauptet wurde, sind Menschen ihr ganzes Leben lang physisch und emotional auf Zugehörigkeit und Bindungen angewiesen.

Ebenso angeboren ist es aber auch, jeden und jede nach dem sozialen Status zu beurteilen und sich selbst einen möglichst hohen Status zu sichern.

Nicht alle Menschen streben mit gleicher Intensität nach Status, manche legen mehr Wert darauf als andere. Dennoch ist diese Neigung sehr wahrscheinlich angeboren.

Die Suggestion, einer Elitegruppe anzugehören (Marines, Bolschoi-Ballett, Filmcrew von Quentin Tarantino, Adel, IT-Spezialisten...) oder ganz allgemein besser integriert zu sein, wirkt unmittelbar.

Käsehersteller werben mit glücklichen Familien, zu denen man sofort gehört, wenn man einen bestimmten Käse kauft. Eigentlich hat Käse nichts mit Zugehörigkeit zu tun, aber so verkauft er sich.

Luxusgüter werben damit, dass ihr Besitz die Zugehörigkeit zur Elite "garantiert".

Das ultimative Versprechen lautet: Wenn Du das glaubst, tust oder kaufst, gehörst Du zu einer Elite, zu einer auserwählten Gruppe. Zu den

Jüngern. Zu den Aposteln... Du kommst in das gelobte Land, das Gott nur einer auserwählten Elite angeboten hat.

Wenn Dir jemand verspricht, mit mir gehörst Du zur Elite, dann hau ab. Meistens ist es ein Narzisst und der Preis, ihm zu glauben, kann sehr hoch sein.

· · · ● · ● · · ·

Handlungen auslösen

Frei/kostenlos, Bewiesen, Geheimnis,

Stell dir vor…,

Sofort, Zugehörigkeit und Elite

Abbildung 6: Handlungen auslösen.

· · · ● · ● · · ·

AKTIVIERUNG VON EMOTIONEN

Alle bisher unterrichteten Wörter dienen drei Zielen. Sie sollen entweder Vertrauen, Angst oder Vorfreude (Antizipationsfähigkeit) hervorrufen.

•••••••••••

Angst

Viele Coaches und Therapeuten arbeiten nicht gerne mit Angst. Dabei kann sie - richtig eingesetzt - für manche Menschen sehr hilfreich sein. Denn manche Menschen haben zu wenig Angst.

Angst ist eine wichtige Emotion, die zu bestimmten Handlungen motiviert und hilft, andere zu vermeiden.

Ich hatte einen Klienten, der ein Haus kaufen wollte (Status, Zugehörigkeit, Sicherheit), aber seine Finanzen ließen es nicht zu. Er hatte zu viel Angst vor den kommenden Jahren mit zu wenig Einkommen. Ich versuchte, wie ich es gelernt hatte, ihm logisch und rational zu erklären, was sein Plan bedeutete, und konnte ihn nicht überzeugen. Heute würde ich vielleicht - natürlich mit der gebotenen Vorsicht - auf die Aktivierung der Angst zurückgreifen. Denn ich bin an der Überzeugung gescheitert, nicht an der Voraussicht. Der Klient hat das Haus gekauft und ist mit dem Hauskauf gescheitert.

• • • ● • ● • ● • • •

Eine der größten Ängste der Menschen ist es, etwas zu verpassen. Die sozialen Medien leben davon. Man will nicht zu denen gehören, die es nicht bekommen haben, obwohl man es hätte bekommen können. Es ist die Angst, die zu vermeintlichen Schnäppchen oder zu destruktivem Engagement in sozialen Medien treibt. Es ist die Angst, die zur Tat treibt.

Aus evolutionärer Sicht war (und ist) Angst das Gefühl, das uns am Leben hält. Bis heute sind die meisten Menschen so veranlagt, dass sie aus Angst schneller handeln als aus anderen Gründen. Da ist ein Tiger, da ist ein Bär, da ist ein kriegerischer Stamm, oder? Es ist sehr sinnvoll, bei kurzfristigen Bedrohungen schnell zu handeln.

Auch Ärzte setzen Angst oft sinnvoll ein. Nicht immer, aber oft.

"Wenn Sie jetzt nicht mit dem Rauchen aufhören, können Sie Ihr Testament machen. Sie haben ein Emphysem. Bald werden Sie einen kompletten Lungenkollaps haben". Und dann bekommen die Angesprochenen Angst und hören mit dem Rauchen auf.

Oder die Leute suchen Hilfe, wenn sie mit Alkohol am Steuer erwischt werden. Und in letzter Zeit sind manche Polizisten sehr gut darin, den Leuten zu sagen: "Wir sehen uns wieder".

Denn statistisch gesehen ist es sehr wahrscheinlich, dass man nach einer Trunkenheitsfahrt wieder eine macht.

Also sagen sie: "Wir sehen uns wieder".

Die meisten Betroffenen bestreiten dies vehement. Und dann fahren sie wieder betrunken. Bis sie ihren Führerschein verlieren. Dann suchen sie dringend Hilfe, die sie schon seit Jahren brauchen.

Wörter, die Angst auslösen

Stehlen, gestohlen, Sabotage, Verzweiflung, Terror, Missbrauch, missbräuchlich, bedrohlich, Bedrohung, Wut, Zorn, Panik, Raserei, Ärger, ärgerlich

Abbildung 7: Wörter, die Angst auslösen.

• • • • **•** • **•** • • •

Vorfreude

Kennst Du das, dass Du Dich auf den Urlaub freust? Und dann fährst Du in den Urlaub und es ist schön. Oder Du freust Dich auf einen Film. Du hast auf diesen Film gewartet, Du gehst hin und freust Dich, dass die Vorfreude Dich dazu bringt, etwas zu tun, oder? Es ist das Unbekannte. Und dann stellt sich heraus, dass die Vorfreude schöner war als das Erlebnis?

Unser Gehirn sorgt dafür, dass wir genau so empfinden. Die Vorfreude auf das Essen treibt uns an, einen Bären zu jagen, ein Tier, das größer und stärker ist als wir. Es ist das Molekül Dopamin, das uns Vorfreude empfinden lässt. Und uns zum Handeln antreibt. Alles, was Vorfreude auslöst, lässt Menschen handeln.

Angst lässt Menschen eher etwas nicht tun. Vorfreude treibt Menschen auf etwas zu. Zum Urlaubsziel, zum Hauskauf, zum Kinobesuch.

Vorfreude, zum Beispiel die Vorfreude auf reiche Nahrungsquellen, war evolutionär gesehen der Antrieb, das Unbekannte zu erobern. Die durch Vorfreude ausgelöste Motivation kann also jede berechtigte Angst überwältigen. Hätte es diesen Mechanismus nicht gegeben, wäre der Mensch aus Sicherheitsgründen nur an bekannten Orten geblieben und hätte dort irgendwann nicht mehr genug zu essen gefunden.

Wenn es gelingt, Vorfreude auszulösen, wird sehr oft auch die entsprechende Handlung ausgelöst.

Es ist einfach, mühelos und absolut genial. Es ist eine bewährte Methode, mit erfolgreichen Menschen einen erstklassigen Urlaub zu verbringen.

Wer würde da nicht buchen?

Wörter, die Vorfreude auslösen

Lust, Gier nach, Rätsel, Geheimnis, Leidenschaft, Aufregung (positiv gemeint), Begeisterung, Sehnsucht, ich kann es kaum erwarten, unbekannt, wenige wissen es!

Abbildung 8: Wörter, die Vorfreude auslösen.

• • • ● • ● • • •

Vertrauen

Wenn Du Vertrauen schaffen willst, und das ist notwendig, um Menschen zu überzeugen, etwas zu verändern oder ein Produkt zu kaufen, dann benutze das bereits erwähnte Wort "bewährt". Oder "verlässlich". Oder "zuverlässig".

Wenn man Vertrauen schaffen will, dann ist bewährte, verlässliche Forschung ein gutes Stichwort. Es funktioniert nachweislich. Es ist forschungsgestützt, forschungsbasiert.

Und natürlich kann man auch das Wort "Vertrauen" oder "vertrauensvoll" verwenden.

Wenn Du das Wort "Fakten" oder "faktisch" benutzt, denken die Leute an Fakten. Eins plus eins ist zwei. Das ist eine Tatsache. Wir können nicht mit Fakten argumentieren, nicht wahr? Deshalb möchte ich, dass Du erkennst, dass Du diese Methode brauchst, eine bewährte, zuverlässige Methode, die die meisten Leute nicht kennen.

Dasselbe gilt für das Wort Wissenschaft. Das Wort "Wissenschaft" ist meiner Meinung nach eines der am meisten missverstandenen Wörter, weil in unserer Kultur gesagt wird: "Stelle die Wissenschaft nicht in Frage".

• • • • ● • ● • • •

Wenn ich höre: "Das ist wissenschaftlich bewiesen", dann frage ich:

Du weißt doch, wie Wissenschaft funktioniert. Das ist meine erste Antwort.

Wissenschaft bedeutet, die Daten in Frage zu stellen. Du gibst mir die Hypothese.

Du hast gesagt, es funktioniert, hier ist Dein Test, hier ist Deine Hypothese. Du hast gesagt, es funktioniert, lass uns den Test wiederholen, richtig? Das ist anerkannte Wissenschaft.

Das ist eine geniale sprachliche Wendung. Heißt das, es wird sich nie etwas ändern? Oder doch? Die Erde ist flach, die Sonne dreht sich um die Erde. Nein, aber das war einmal anerkannte Wissenschaft.

Aber wer auch immer sie benutzt, die Argumentation mit der Wissenschaft ist brillant.

Genauso gut funktioniert aus den gleichen Gründen das Argumentieren mit "Autorität". Eine anerkannte Autorität auf einem Gebiet. Darf man da kritisch nachfragen, gar zweifeln? Natürlich nicht. Überhaupt nicht. Einer anerkannten Autorität muss man doch alles glauben, oder?

Aber nein.

Aber wenn man sich positionieren will, dann ist die Argumentation mit der anerkannten Autorität sehr, sehr hilfreich. Und natürlich ist das hier die anerkannte Autorität in diesem Bereich. Und Du kannst sogar sagen, dass Du die anerkannte Autorität in dieser Welt bist.

Das aktiviert verschiedene Teile Deines Geistes. Das ist etwas, was viele Marketingleute tun, und Leute, die wissen und verstehen, was hier angeboten wird, sagen: "Wenn Du es nicht tust, wirst Du Dich selbst zerstören. Wenn Du es nicht tust, hoffe ich, dass Du es kaufst, denn ich habe schon so viele Menschen verzweifeln sehen, weil sie diese Chance nicht genutzt haben.

Wörter, die Vertrauen auslösen

Bewährt, verlässlich, auf Forschungsergebnissen basierend, Forschung, vertrauenswürdig, treu, wahrheitsgetreu, Fakten, wissensbasiert, wissenschaftlich erwiesen, Autorität, eine Autorität sagte...

Abbildung 9: Wörter, die Vertrauen auslösen.

• • • ● • ● • • •

Je mehr, desto mehr

Dies ist eines der effektivsten Hypnosemuster, die ich kenne. Je mehr Du dieses Buch liest, desto mehr wirst Du finden, was Du anwenden kannst. Je mehr Du Dich mit Hypnose beschäftigst, desto mehr Klienten wirst Du haben.

Mit diesem Sprachmuster kannst Du eine Handlung mit einem gewünschten Ergebnis verbinden.

Du kannst zwei beliebige Dinge miteinander verbinden. Ich weiß, dass Du darüber nachdenken willst, bevor Du Dich für mein Programm anmeldest, aber je mehr Du nach Gründen suchst, es nicht zu tun, desto mehr willst Du einfach jetzt handeln, denn das meiste, was ich von meinen Klienten höre, ist Bedauern, dass sie sich nicht früher angemeldet haben, und ich möchte nicht, dass es Dir so geht.

Deshalb benutze ich immer das "mehr". Je mehr man verbinden kann, je mehr man darüber nachdenkt, desto mehr will man es einfach tun, und das passt überhaupt nicht zusammen.

Je mehr man über die Einwände nachdenkt, desto mehr will man den Vertrag unterschreiben. Nein, das passt nicht zusammen. Aber wenn man sich die Ergebnisse anschaut und diese bewährten wissenschaftlichen Methoden, je mehr man nach Gründen sucht, warum man dagegen ist, desto mehr schmelzen sie natürlich dahin und werden ersetzt durch die Aufregung, dieses Programm zu starten.

• • • ● • ● • • •

ABSCHLUSS

Was Du heute gelernt hast, sind Worte, die Dein Denken verändern. Du lernst, warum Du sie lernen solltest, Du lernst die magischen Worte, sie umgehen den kritischen Verstand des anderen. Wenn Du sie anwendest, helfen sie Dir, die Ergebnisse zu erzielen, die Du Dir wünschst. Das ist großartig, wenn Du eine bestimmte Reaktion erreichen willst. Und die ersten Worte sind natürlich, leicht, mühelos. Ich nenne sie sprachliche Schmiermittel.

Übe diese Wörter und Strukturen Stück für Stück. Fang am besten mit den ersten drei Wörtern an: "natürlich", "mühelos", "leicht", "einfach". Verwende sie in E-Mails, in Postings, in Deiner Kommunikation mit Kunden. Dann füge immer mehr Strukturen und Wörter hinzu.

Als ich Schreibmaschine gelernt habe, gab es noch die alten Kugelkopf-Adler-Maschinen. Man tippte eine Zeile, dann ging es eine Zeile weiter. Ich habe damals einen Schreibmaschinenkurs gemacht. Das war sehr, sehr mühsam. Ich habe sehr ungewöhnliche Tastenkombinationen auf einen Zettel geschrieben und mich gezwungen, jede Zeile fünfundzwanzigmal fehlerfrei zu tippen.

Manchmal brauchte ich einen ganzen Vormittag, um diese Aufgabe zu erledigen, die ich mir selbst gestellt hatte. Am Anfang habe ich lange gebraucht, bin gestolpert, habe Fehler gemacht und es war wirklich nicht einfach. Aber dann wurde ich plötzlich schneller.

Ich tippe heute schneller als die meisten professionellen Schreiber:innen.

Nimm Dir ein paar verregnete Sonntage frei und übe, übe auch mit scheinbar absurden Sätzen. Du wirst sehen, wie schnell sich Deine Kommunikation verbessert.

Viel Erfolg wünscht Inke Jochims

• • • ● • ● • • •

Alle Bücher von Inke Jochims, finden Sie auf dieser Seite:

Die Bücher von Inke Jochims

Stöbern und kaufen Sie hier

alle Bücher von Inke Jochims!

www.jochims-buecher.de

Alle Digital-Produkte von Inke Jochims, finden Sie auf dieser Seite:

Der Shop von Inke Jochims

https://www.myablefy.com/s/inke-jochims

Stöbern und kaufen Sie alle digitalen Produkte von Inke Jochims

https://myablefy.com/

· · · · ● · ● · · ·